CORRESPONDANCE

DU

CITOYEN MENGAUD

AVEC

L'ÉTAT DE BERNE;

Depuis le 13 jufqu'au 19 Nivofe;

LETTRE

du Citoyen M ENGAUD à l'Etat de Berne.

Basle le 13 Nivofe, an 6.

MAGNIFIQUES ET PUISSANS SEIGNEURS !

Sans prétendre m'immifcer dans l'examen des mefures que vous croyez devoir prendre pour votre fûreté
intérieure, je n'ai pu apprendre avec indifférence que
plufieurs habitans de votre état font jettés dans les fers,
pour avoir montré des fentimens qui peuvent n'être
pas les vôtres, mais qui rapprochés de ceux du Gouvernement français, lui impofent le devoir de témoigner
fon improbation fur la rigueur des perfécutions dont
ils font l'objet.

J'ignore, M. & P. S., les crimes dont vous accufez
les individus récemment emprifonnés par vos ordres ;
j'ignore de quel attentat vous les fuppofez coupables ;
mais, jufqu'à ce jour, la renommée m'apprend que
tout leur crime eft leur opinion, que tous leurs attentats
font leurs fentimens d'amitié pour les français. Si les
chofes font ainfi, fi des fuggeftions perfides des ennemis
de la France & de la Suiffe, fi des intrigues étrangères,
& un aveuglement fatal de votre part vous ont portés,
comme tout m'engage à le croire, à des actes arbitraires, contraires à vos propres loix, contraires aux
droits de tous les hommes, contraires à votre alliance
avec la République françaife, puifqu'ils font dirigés
contre des perfonnes qui ont marqué d'une manière
plus prononcée leurs difpofitions amicales pour elle, je

ne puis, repréfentant cette République près les louables Cantons, demeurer Spectateur indifférent d'une conduite fi injurieufe pour le Gouvernement français. C'eft lui que vous femblez pourfuivre; c'eft lui que vous frappez dans ceux qui ofent fe dire fes amis; c'eft lui que je dois défendre dans leur perfonne, en vous invitant, de la manière la plus preffante, à fufpendre toute procédure ultérieure à leur égard & en plaçant fous votre refponfabilité directe leur vie, & leur fûreté.

TRADUCTION

d'une Lettre du Conseil de Berne, au Citoyen MENGAUD, *du 5 Janvier 1798.*
(16 Nivose, an 6).

CITOYEN CHARGÉ D'AFFAIRES !

La première lettre que vous nous avez adressée, le 3 de ce mois, en votre qualité de Chargé d'Affaires, a du nous paroître d'autant plus étrange, que nous ne nous attendions pas, que vous préteriés aussi facilement l'oreille à des bruits vagues & à des insinuations calomnieuses de personnes suspectes.

Sans vouloir rendre compte de nos résolutions fondées sur nos loix & que nous avons du prendre pour le maintien de la paix & de la sûreté de notre Etat, nous pouvons cependant vous assurer que personne n'a été mandé devant nous ou puni pour de simples opinions, sur-tout pour celles qui concernent des affaires extérieures.

Nous ne sommes comptables de nos actions qu'envers notre conscience, nos Loix, notre Constitution, & Dieu, qui est au-dessus de toutes les autorités ; & nous sommes persuadés que le Gouvernement de la République française, auquel nous avons donné tant de preuves de notre dévouement, connoissant nos véritables sentimens, sera bien éloigné d'approuver les reproches qui nous sont faits.

Sur ce nous vous recommandons, &c.

Signé : Avoyer & Conseil de la République de Berne.

LETTRE

du Citoyen MENGAUD, *à l'Etat de Berne,*
le 17 *Nivôse, an* 6.

M. & P. S.

Le Directoire exécutif de la République française n'a pu apprendre, fans un étonnement mêlé d'indignation, que votre Gouvernement, entrainé fans doute par les fuggeftions perfides des ennemis de la France, qui font également ceux du Peuple fuiffe, s'eft porté à des mefures violentes contre des habitans du Pays-de-Vaud, dont le crime eft d'avoir, en exécution des anciens traités, invoqué la médiation du Gouvernement français, à l'effet d'être maintenus & réintégrés dans leurs droits.

Juftement irrité de ces actes arbitraires, violateurs des principes confacrés par d'antiques alliances, & peu difpofé à fouffrir que l'appel à fon intervention devienne pour ces courageux habitans un arrêt de profcription & de mort, il me charge de Vous déclarer que tous les membres de votre Gouvernement feront perfonnellement refpoufables envers lui de la fûreté individuelle & des propriétés des habitans ci-deffus mentionnés du Pays-de-Vaud, objets de vos vexations & de fa bienveillance.

J'ai déjà dévancé près de vous, M. & P. S., les intentions du Directoire exécutif en vous adreffant une déclaration de même nature. J'efpère qu'appuyée aujourd'hui de la communication que je vous fais du defir formel du Directoire exécutif, elle ne vous laiffera aucun doute fur le parti que vous avez à prendre.

NOTE

du Citoyen MENGAUD*, à l'Etat de Berne.*

Basle le 18 Nivofe, an 6.

MAGNIFIQUES ET PUISSANS SEIGNEURS!

J'ai l'honneur de vous tranfmettre copie certifiée d'un arrêté que le Directoire exécutif de la République françaife a pris le 15 courant & qu'il vient de m'expédier par un courier extraordinaire. Les faits, qui ont motivé cet arrêté, étant de la nature la plus importante & la plus grave, il eft indifpenfable, M. & P. S., que vous y répondiez fur le champ par une Déclaration formelle & pofitive. Je vous requiers donc de m'affirmer expreffement s'il eft vrai que votre Gouvernement a ordonné des raffemblemens de troupes contre les français & qu'il a fait arrêter des députés de Communes qui manifeftoient leur refus de prendre les armes, contre la République françaife.

Le Directoire exécutif ne pouvant refter un moment dans l'incertitude fur un objet d'un fi grand intérêt, je vous invite & Vous fomme même de me faire paffer, par le retour du courier que je vous envoie, une réponfe claire & cathégorique à ma lettre & à l'arrêté du Directoire.

TRADUCTION

*d'une Lettre du Conseil d'Etat de la ville &
République de Berne, au Citoyen M e n g a u d.*

Du 8 Janvier 1798. (19 Nivofe, an 6).

Citoyen Chargé d'Affaires!

Toutes les démarches de notre Gouvernement doivent convaincre le Directoire exécutif de la République françaife, que nous avons en tous temps & en toutes circonftances cherché à conferver l'amitié de la République françaife, & que nous agirons conftamment conformément à ces principes. C'eft d'après ces mêmes principes que nous vous annonçons, Citoyen Chargé d'Affaires, en réponfe à l'arrêté du Directoire exécutif, du 15 Nivofe, que vous nous avez communiqué, qu'on ne raffemble point de troupes contre la République françaife, & que la feule arrivée de troupes françaifes près de nos frontières & l'occupation inopinée d'un pays fitué en deçà des limites fuiffes, qui ne nous à été annoncée qu'au moment de fon exécution, nous à engagés à envoyer quelques troupes pour la garde de nos frontières, ainfi que nous en avons inftruit dans fon temps le Général St. Cyr, de même que le Citoyen Bacher, tant par écrit que par des Députations de membres de notre Gouvernement nommés à cet effet. Nous nous trouverons encore actuellement dans le cas de prendre de pareilles mefures de fûreté, lorfque le corps confidérable de troupes françaifes, qui, felon les rapports qui nous font faits, s'approche du Pays de Gex, y fera effectivement arrivé : mais ces difpofitions, auffi bien que celles déjà faites, ne doivent aucunément être attribuées à des intentions hoftiles.

L'arreftation que nous avons jugé néceffaire d'ordonner de quelques uns de nos reffortiffans, qui n'étoient nullement députés de communes, eft motivée fur ce qu'ils ont cherché, par des actes illégaux, à égarer les habitans d'une commune, qui, comme tous les autres, étoient prêts & difpofés à la défenfe de leur patrie, & à les porter à défobéir aux ordres que nous leur avions donnés en vertu de notre pouvoir fouverain, que nous fommes fermement déterminés à maintenir.

C'eft là notre réponfe cathégorique à votre demande très-précife : nous vous prions de la faire parvenir fans délai au Directoire exécutif, & vous recommandons à la protection divine. Donné le 8 Janvier 1798.

Avoyer & Confeil de la ville & République de Berne.

TRADUCTION

de la Lettre adreſſée au Citoyen MENGAUD, par la Diète helvétique aſſemblée.

A Arau, le 8 Janvier 1798. (19 Nivoſe, an 6.)

CITOYEN CHARGÉ D'AFFAIRES !

Vous n'ignorés pas que votre prédéceſſeur a adreſſé le 25 Novembre dernier, au Corps helvétique une lettre, dans laquelle il demande, au nom du Directoire exécutif, que les états de la Suiſſe expulſent de leur ſein, pour la tranquillité & la ſûreté de la République françaiſe & de ſes frontières, tous les émigrés français & prêtres déportés qui ſe trouvent encore ſur le territoire hélvétique.

Les étas reſpectifs de la Suiſſe, toujours diſpoſés à avoir pour les deſirs de la République françaiſe toute la conſidération compatible avec la dignité d'un état indépendant, ont ſur le champ pris les meſures les plus eſſentielles pour ſatisfaire au vœu manifeſté, en renvoyant en même temps la lettre ſusmentionnée à la Diète actuelle, pour la diſcuter ultérieurement & y faire la réponſe convenable.

Nous nous empreſſons en conſéquence, Citoyen Chargé d'affaires, de vous aſſurer en premier lieu, que le Corps helvétique lui-même s'eſt trouvé fort embarraſſé par l'affluence des émigrés & prêtres, qui ſe ſont, à différentes repriſes, retirés dans la Suiſſe, & dont même un grand nombre y ſont arrivés avec des Paſſeports de déportation qui leur enjoignoient expreſſement de ſe rendre ſur le territoire helvétique. Il eſt probable que ces réſultats ſont l'effet de la ſituation topographique de la Suisse limitrophe, de l'identité de la langue qui exiſte en différens endroits & peut-être auſſi de l'eſpoir qu'ont nourri ces individus de trouver un aſyle aſſuré dans la Suiſſe, comme pays neutre.

Néanmoins les Gouvernemens helvétiques n'ont pas négligé de prendre des meſures pour en diminuer le nombre autant que poſſible : mais l'expérience, faite également dans d'autres états, prouve qu'il eſt quelque fois des circonſtances d'une force tellement contre-agiſfante, qu'elles paralyſent les plus fermes réſolutions. Parmi ce nombre il faut ſur-tout remarquer celles qui diſtinguèrent l'année 1796 & qui furent d'une nature ſi urgente, que la réſolution priſe peu avant par le ſyndicat relativement aux émigrés, n'a pu être miſe à exécution, vu que les Gouvernemens de l'Allemagne qui nous avoiſinent, ne voulurent point les recevoir & les firent rétrograder vers la Suiſſe.

Malgré toutes ces difficultés, les états du **Corps** helvétique, faiſant droit à la nouvelle demande preſſante du Gouvernement français, ont aviſé à des meſures telles, que les terres immédiates de la Suiſſe feront ſous peu de ſemaines évacuées par les émigrés & prêtres déportés, & des diſpoſitions tendantes au même but ſont ordonnées dans les Seigneuries médiates.

Nous eſpérons avec confiance, que ces réſolutions feront enviſagées par le Gouvernement français, comme une nouvelle preuve non équivoque de la conſtante ſollicitude du Corps helvétique pour le maintien du bon voiſinage. Nous ne pouvons cependant nous empêcher de vous repréſenter, touchant la ſeconde demande contenue dans la lettre qui nous a été adreſſée, & qui concerne les membres du Corps législatif qui ſe ſont fouftraits à la déportation prononcée contr'eux , que nous attendons de la juftice du Gouvernement français, qu'il obfervera, à l'égard du Corps helvétique , la réciprocité ufitée entre les états & qu'il ne fouffrira point en France le féjour de ceux des Suiffes qui , d'après nos loix , peuvent être qualifiés par leurs Cantons refpectifs de criminels d'état & qui machinent encore actuellement contre leur patrie.

Sous cette réferve les états de la Suiffe ne s'oppoferont pas à ce que celles des perfonnes qui ont échappé par la fuite à la peine de déportation dont elles font frappées & qui paroitront fur le territoire helvétique, foient arrêtées & livrées en cas de befoin, d'après une réquifition nominale, un fignalement particulier & la communication du decret lancé contr'elles.

Nous vous prions, Citoyen Chargé d'affaires , de faire connoître ces fentimens de notre part au Directoire exécutif, ne doutant point qu'il n'y reconnaiffe, dans fa haute fageffe, l'intention de nos Conftituans de prévénir, par une noble franchife, tout ce qui pourroit porter atteinte à la précieufe harmonie & bonne intelligence que nous entretenons avec la République françaife.

Donné en notre commun Nom, &c. Le 8 Janvier 1798.

Les Députés des XIII. Cantons & pays coalliés de la Suiffe, réunis en Diète à Arau.

RÉPONSE

du Citoyen MENGAUD à la Diète helvétique.

Arau, le 21 Nivofe, an 6.

M. & P. S.

J'ai reçu la lettre qui m'a été tranfmife le 19 Nivofe de la part de la Diète helvétique, & annonçant les difpofitions de fes hauts commettans relativement à celle écrite par le Citoyen BACHER le 5 Frimaire dernier, au fujet des émigrés & des déportés français. En attendant la réponfe du Directoire, à qui je viens, M. & P. S., d'expédier votre lettre, permettez-moi quelques obfervations fur un des paffages qu'elle renferme.

Vous dites que, fous la réferve que le Gouvernement français ne fouffrira point chez lui de Suiffes qui, d'après vos loix, peuvent être qualifiés par leurs Cantons refpectifs de criminels d'état, & qui machinent encore actuellement contre leur patrie, les états Suiffes ne s'oppoferont pas à ce que celles des perfonnes qui ont échappé par la fuite à la peine de déportation dont elles font frappées, & qui paraitront fur le territoire helvétique, foient arrètées & livrées au cas de befoin, &c.

Mais, Magnifiques & P. S., je n'ai encore nulle connaiffance d'individus fuiffes, réclamés de la part d'aucun Canton, fous la défignation ci-deffus citée, c'eft-à-dire comme convaincus de trahifon envers leur patrie.

Et jufqu'à ce que des réclamations ainfi appuyées mettent le Directoire exécutif dans le cas d'accéder à celles de vos demandes qui feroient de la nature de celle qu'il vous fait concernant des coupables authentiquement convaincus aux yeux de toute l'Europe d'avoir confpiré contre le Gouvernement , il me femble, M. & P. S. qu'une adhéfion pure & fimple aux vœux du Directoire eût été une preuve de vos difpofitions amicales envers le Peuple français , plutôt que la condition que vous ftipulés & dont les déportés en queftion, ainfi que tous leurs complices, fauront fe prèvaloir , afin de continuer leurs trames contre la République françaife. Ce ne fera fans doute jamais du fein de la Diète helvétique que fe manifefteroient des fentimens favorables à la politique infernale du cabinet de St. James , dont toutes les manœuvres & les intrigues, d'ailleurs trop connues jufques dans les ramifications les plus éloignées du Gouvernement français, l'ébranleront encore moins à l'avenir que par le paffé.

Signé : MENGAUD.